AF503728

ÉTAT-MAJOR DE L'ARMÉE
2e Bureau

R

CONFIDENTIEL

ENSEIGNEMENTS

DE LA

GUERRE RUSSO-JAPONAISE

Note n° 1. — Munitions d'Infanterie.

9248

Décembre 1905

Exemplaire n° .... **remis à** ....

État-Major de l'Armée

2e Bureau

Décembre 1905

Confidentiel

Enseignements de la Guerre Russo-Japonaise.

Note N° 1 - Munitions d'infanterie

Sommaire

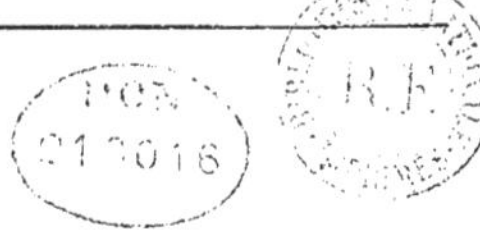

Enseignements de la guerre russo-japonaise

Munitions d'Infanterie

A. – Armée japonaise

[App]rovisionnement en munitions D'après le Colonel Lombard l'approvisionnement en munitions était le suivant :

1° – Sur l'homme { 120 cartouches dans les 3 cartouchières
30 dans le sac

Le nombre de cartouches du sac a été porté ultérieurement à 60.

En outre, on a toujours eu soin de ramasser les cartouches des tués et blessés ; à la bataille de Moukden certains hommes portaient dans leur paquetage de 100 à 150 cartouches en plus des 120 cartouches des cartouchières.

Les cartouches sont montées en lames chargeurs et empaquetées par 15 (3 chargeurs) dans des boîtes en carton en forme de tronc de pyramide munies d'un compartimentage intérieur et attachées au moyen d'un cordon.

La cartouche pèse environ 24 gr, la lame chargeur 9 grammes.

2° – Au train de Combat du bataillon. 60 cartouches par homme environ. 18 chevaux de bât portent chacun 2 coffres à munitions. Chaque coffre renferme 8 petites caisses de 180 cartouches en chargeurs contenues dans les boîtes en carton réglementaires.

Les petites caisses sont renfermées 2 par 2 dans des bissacs de toile blanche.

Chaque cheval porte ainsi 2.880 cartouches, ce qui donne par bataillon 51.840 cartouches.

3º.- <u>Colonnes de munitions - environ 90 cartouches par homme.</u> -

Il y a 2 colonnes de munitions d'infanterie par Division. Ces colonnes sont composées de petites voitures du modèle du train japonais attelées à un cheval et conduites par des hommes du train.

Chaque colonne comprend environ 80 voitures, portant chacune 4 caisses à munitions, en principes identiques à celles portées sur les animaux de bât; ce qui donne 5.760 cartouches par voiture et 921.600 pour l'ensemble des deux colonnes, soit environ 90 cartouches par homme.

(Ces renseignements n'ont jamais pu être obtenus de l'autorité japonaise; ces chiffres représentent simplement la moyenne qui parait se rapprocher le plus de la vérité.)

4º.- <u>Parc d'armement de la Division - environ 150 cartouches par homme</u>. Dans la composition de ce parc entre une section de munitions

d'infanterie....

d'infanterie.

En principe, ce parc est stationnaire et relève du service des Étapes. – Ses ressources paraissent supérieures à celles des colonnes de munitions.

Les munitions sont en grandes caisses d'environ 100 K. avec poignées en corde.

5°. – Parc à munitions d'armée – environ 300 cartouches par homme.

Il existe au service de l'arrière des parcs à munitions d'armée qui sont généralement établis dans les stations de chemins de fer.

Les munitions sont en grandes caisses dont le transport est prévu par voiture de réquisition.

On peut admettre que ces parcs représentent environ 300 cart. par homme pour l'armée.

capitulation. – En récapitulant les renseignements ci-dessus, qui ne sont que des moyennes vraisemblables, on trouve :

Sur l'homme, de 150 à 200 cartouches			soit 500 cartouches par homme dans la division.
Train de combat du bataillon	60	d°	
Colonnes de munitions de la division	90	d°	
Parc d'armement de la division	150	d°	
Total	500		
Parc d'armée	300		

Total général : 800

Dans ....

Dans certaines circonstances, les ressources de l'arrière ont été indubitablement renforcées, le parc d'armement comprenant 200 cartouches et le parc d'armée 400 et même davantage. Ces chiffres ont, en effet, varié pendant les diverses phases de la guerre.

La moyenne de 1000 cartouches par homme peut être adoptée. (Colonel Lombard).

Consommation de munitions

Les rapports reçus jusqu'à ce jour ne donnent pas d'exemple précis de consommation de munitions d'infanterie mais, d'après le Colonel Lombard, les Japonais évaluent à environ 50 cartouches par homme et par jour la consommation moyenne pendant une bataille, ce qui donnerait :

pour la bataille de Liao-Yang (8 j.) ... 400 cartouches
pour celle du Chaho (12 j.) .... 600 —
pour celle de Sandepou (7 j.) ...... 350 —
pour celle de Moukden (15 j.) ...... 750 —

Dans un de ses rapports, le Lt-Colonel Corvisart a signalé que lorsque l'homme était débarrassé de son sac on augmentait considérablement son approvisionnement en munitions.

A la bataille de Moukden, quand commença la poursuite, les hommes de la 12e Division reçurent 500 cartouches, certains soldats portèrent jusqu'à 600 cartouches.

B. - Armée russe

...provisionnement ...n munitions. L'approvisionnement réglementaire en munitions d'infanterie était, au début de la guerre, le suivant :

1° sur l'homme	120 car.	soit 303 cartouches par homme dans les corps d'armée.
2° au train régimentaire	66 -	
3° au train de combat	36 -	
4° dans les parcs volants	81 -	
5° dans les parcs locaux	164 -	
Total	467	

Il est possible que ces chiffres aient été augmentés au cours de la campagne.

...nsommation ...e munitions. Les renseignements connus jusqu'à ce jour ne permettent pas de tirer dès maintenant des conclusions fermes, mais un rapport du Général Silvestre renferme un tableau donnant par journée de combat la consommation de munitions d'infanterie de tous les régiments du Xe Corps d'Europe jusqu'à la fin de la bataille du Chaho.

L'étude de ce document a permis d'établir le tableau ci-après indiquant, pour chacun des régiments du Xe Corps le nombre de journées de combat signalées, la consommation totale de munitions, la consommation journalière moyenne par régiment et par homme.

Régiments	Nombre de journées de combat	Consommation (totale)	Consommation journalière moyenne par régiment	Consommation journalière moyenne par homme
33e	11	963.099	87.554	35
34e	8	1.047.725	130.965	52
35e	11	791.320	71.938	28
36e	9	772.800	85.866	34
121e	5	364.200	72.840	29
122e	10	1.394.276	139.427	56
123e	13	901.950	69.383	28
124e	16	744.100	46.500	18

D'après ce tableau la consommation moyenne par homme et par journée de combat aurait varié de 18 à 56 suivant les régiments ; pour l'ensemble du Corps d'armée cette moyenne serait de 35 cartouches environ.

Ces chiffres ont été obtenus en supposant que les régiments du Xe Corps avaient un effectif moyen de 2500 hommes bien que comptant 4 bataillons.

Cet effectif peut paraître un peu bas, mais il y a lieu de remarquer que d'après les renseignements donnés par le Général Kouropatkine aux officiers étrangers l'armée russe comptait à Liao-Yang 135.000 baïonnettes et au Chaho 145.000.

Le nombre des bataillons russes étant lors de ces batailles de 215 et 257, l'effectif moyen des bataillons ressort à 630 à Liao-Yang et 560 au Chaho, soit en moyenne

600 hommes ....

600 hommes environ.

L'effectif moyen de 2500 hommes par régiment de 4 bataillons parait donc se rapprocher sensiblement de la réalité.

Le chiffre moyen de 35 cartouches par homme et par jour de combat est inférieur à celui donné par le colonel Lombard comme représentant la consommation moyenne dans l'armée japonaise. Cette différence peut s'expliquer par les raisons suivantes :

1° Le tableau des consommations de munitions du Xe Corps s'arrête au Chaho et ne comprend pas la bataille de Moukden au cours de laquelle, en raison de son acharnement, la consommation de munitions a dû être la plus forte de la campagne.

2° A la bataille du Chaho le Xe Corps n'a pas été un des corps les plus chaudement engagés.

3° Les Russes ont fait un assez grand usage du feu de salve qui permet de mieux régler la consommation de munitions alors que les Japonais ont fait surtout du tir individuel.

Si le chiffre de la consommation moyenne par homme et par jour de combats est important à connaître pour régler le total des approvisionnements à constituer, il n'est pas moins utile de chercher à se rendre compte des consommations maxima qui ont été faites au cours de la campagne.

A ce sujet on peut citer les

exemples .....

exemples suivants dans lesquels la consommation dépassa 100 cartouches par homme et par jour :

33e Régt d'Inf.	13 août 1904	282.000 cart. soit 113 c. par homme
34e —	18 — —	250.000 — — 100 c. —
34e —	1er Oct. —	400.000 — — 160 c. —
122e —	18 juill. —	303.000 — — 121 c. —
122e —	20 août —	358.000 — — 143 c. —
123e —	18 juill. —	450.680 — — 180 c. —

en supposant comme précédemment l'effectif de 2500 hommes pour les régiments du Xe Corps.

33e Rég. de Tirail. de Sibérie (3 bataillons) (1400 h.)	30 et 31 août 1904	925.000 cart. soit 330 c. par homme
34e — (3 bataillons) (1880 h.)	—	1.248.000 — — 330 c. —
138e R. d'Inf. (4 bataillons) effect. supposé 2500 h.	14 oct. 1904	974.468 — — 400 c. —

Ce dernier chiffre comprend, il est vrai, les cartouches que le 138e a dû passer au 139e dont les munitions étaient épuisées.

Pour l'ensemble des journées des 13, 14, 15, 16, 17 octobre, la consommation du 138e fut de 1.920.730 cartouches soit une moyenne d'environ 150 par homme et par jour. Même en tenant compte des cartouches passées au 139e, la consommation fut donc énorme.

Les chiffres cités plus haut sont évidemment exceptionnels, mais ils montrent qu'à un moment donné certains corps peuvent se trouver manquer de

munitions - - - -

munitions d'infanterie si les corps n'ont pas été très largement pourvus avant le combat ou si le ravitaillement ne s'effectue pas convenablement.

D'après un extrait de la "Kolnische Zeitung" quand un combat était prévu, on répartissait à l'avance dans l'armée russe tout le contenu des voitures à munitions entre les hommes. Il n'y avait pas, à ce sujet, de prescriptions fermes et chaque colonel réglait lui-même ce point. D'après le même article, le soldat russe aurait eu, au début de l'engagement, de 250 à 310 cartouches sur lui et malgré ces approvisionnements considérables, les cartouches auraient souvent manqué à l'infanterie russe dans des périodes critiques.

Au sujet du ravitaillement, le Lt-Colonel Nieznamoff, de l'État-major de la 35e Division, s'exprime ainsi : Bien qu'il n'y ait pas eu une seule fois à la 35e Division, de crise provoquée par le manque de cartouches, il faut tenir compte de ce qu'elles peuvent se produire. C'est pourquoi, afin d'éviter des difficultés de toute espèce, il est indispensable de maintenir sur les derrières de la position un ordre exemplaire sous le rapport de la stricte répartition des secteurs, du maintien des voies de communications libres et de l'éloignement des trains inutiles.

Conclusion......

Conclusion — Dans son rapport d'ensemble, le Colonel Lombard émet l'opinion que notre approvisionnement actuel en cartouches ne répond pas aux besoins et qu'il est nécessaire de l'augmenter sensiblement, surtout en ce qui concerne les munitions de la ligne de bataille, en raison des grandes difficultés que l'on éprouve à ravitailler les troupes engagées.

www.ingramcontent.com/pod-product-compliance
Ingram Content Group UK Ltd.
Pitfield, Milton Keynes, MK11 3LW, UK
UKHW021151230726
13926UKWH00001B/30